Rainer Oberthür ist Religionspädagoge und lebt mit seiner Frau und seinen zwei erwachsenen Kindern in Aachen. Neben seiner Tätigkeit als Dozent des Katechetischen Instituts des Bistums Aachen in der Religionslehrerfortbildung arbeitet er als Grundschullehrer, um den Kontakt zu den Kindern zu halten und seine Ideen in der Praxis anzuwenden. Mehr unter: www.rainer-oberthuer.de

Die italienischstämmige Illustratorin Barbara Nascimbeni studierte Grafik-Design in Mailand und Darmstadt. Heute arbeitet sie mit Verlagen aus Großbritannien, Frankreich, Italien, Deutschland und Korea zusammen. Ihre Bücher sind in vielen Ländern erschienen. Sie lebt und arbeitet in Hamburg und Sorède (Südfrankreich). Mehr unter: www.barbaranascimbeni.com

Mehr über unsere Bücher, Autoren und Illustratoren auf: www.gabriel-verlag.de

Oberthür, Rainer
Zusammen – Die Geschichte von den Bilder- und den Wortmenschen
ISBN 978 3 522 30432 0

Text: Rainer Oberthür aus: Das Buch der Symbole

Der Text wurde für diese Ausgabe bearbeitet.
Gesamtgestaltung: Barbara Nascimbeni
Einbandtypografie: Doris Grüniger, Buch und Grafik
Innentypografie: Bettina Wahl
Reproduktion: HKS-artmedia
Druck und Bindung: Livonia Print

FSC www.fsc.org
MIX
Papier aus verantwortungsvollen Quellen
FSC® C002795

Rainer Oberthür • Barbara Nascimbeni

ZUSAMMEN

Die Geschichte von
den Bilder- und den Wortmenschen

Gabriel

In einem fernen Land, weit vor unserer Zeit, da lebte ein Volk, das war arm an Worten. Es war das Land der Bildermenschen. Sie waren Augenwesen.
Sie sahen die Welt aufmerksam und genau. Sie erfassten jede Einzelheit.
Nichts entging ihrem Blick, doch sie konnten das Gesehene nicht in Worte fassen.
Für sie war die Welt voller Bilder, aber sie blieb sprachlos.

Oft malten sie in kräftigen Farben, um die Welt vor Augen zu haben.
Sie sammelten Augenblicke und Eindrücke, doch sie blieben an der Oberfläche der Bilder.
Die Sonne, das Wasser und die Blumen: alles blieb stumm und sagte ihnen nichts.
Vor der Nacht hatten sie Angst. Totale Dunkelheit konnten sie kaum ertragen.
Für die Bildermenschen war die Welt nur, was sie war und wie sie aussah.
Die Welt erzählte ihnen keine Geschichten, sie war ohne Bedeutung und ohne Sinn.

So hatten sich die Bildermenschen wenig zu sagen, ihnen fehlte die Kraft der Sprache.
Sie konnten sich nur gegenseitig zeigen, was sie sahen und was sie malten.
Am Ende blieb jeder in sich und seinen Bildern gefangen, traurig und allein.

Als Kinder staunten die Bildermenschen über die unzähligen Bilder, die die Welt ihnen anbot. Sie schauten und waren ergriffen, doch sie lernten nicht, die Welt mit Worten zu begreifen.
Und so verflog im Laufe des Lebens dieser Augenwesen der Bilderrausch der Kindheit.
Je länger sie lebten, umso mehr verblassten ganz allmählich die Bilder,
umso weniger war die Welt für sie da, umso mehr verschwand sie.
Und wenn sie schließlich starben, war alles aus und vorbei.
Die Bildermenschen schlossen für immer ihre Augen, ohne irgendeine Hoffnung,
nach dem Tod neue Bilder zu erwarten.

In einem anderen Land, zur selben Zeit, lebte ein anderes Volk, das war arm an Bildern. Es war das Land der Wortmenschen. Sie waren Sprachwesen.

Wie blind stolperten sie durch die Welt. Wie durch Nebel tasteten sie sich durchs Leben.

Sie redeten ohne Unterbrechung, doch ihre Worte weckten keine Bilder in ihnen.

Für sie war die Welt voller Worte, doch sie blieb gesichtslos.

Oft redeten sie den ganzen Tag, um die Welt zur Sprache zu bringen.
Sie konnten die Welt in Worten beschreiben, doch sie waren nicht ergriffen von ihr.
Sonne, Wasser und Blumen: Das waren für sie leere Worte ohne eine Vorstellung dahinter.
Vor dem Schweigen hatten sie Angst. Totale Stille war für sie lebensbedrohlich.
Für die Wortmenschen war die Welt nur, wie sie hieß und wie sie zu beschreiben war.
Die Welt erzählte ihnen keine Geschichten, sie war ohne Bedeutung und ohne Sinn.

So hatten sich die Wortmenschen wenig zu zeigen, ihnen fehlte die Kraft der Einbildung.
Sie konnten sich nur gegenseitig sagen, was sie erfuhren und aufschrieben.
Am Ende blieb jeder in sich und seinen Worten gefangen, traurig und allein.

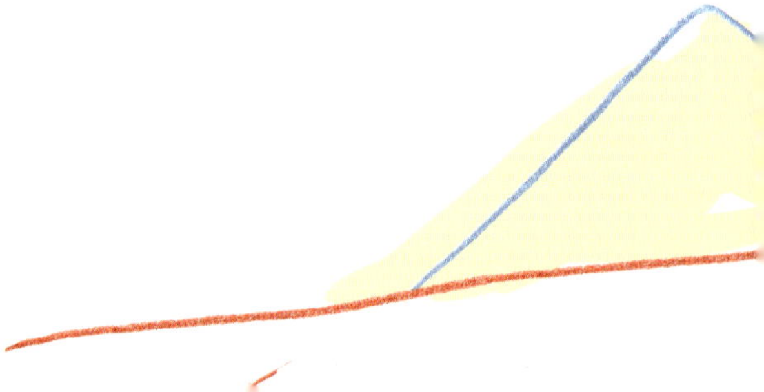

sterne
regentropfenwolken
regentropfenwolken

Auch bei den Wortmenschen brabbelten die Kinder noch mit Freude den ganzen Tag vor sich hin.

Sie sprachen und benannten alle Dinge der Welt, doch ihre Sprache blieb ohne Fantasie.
Und so verflog im Laufe des Lebens dieser Sprachwesen die Wörterlust der Kindheit.
Je länger sie lebten, umso stumpfer und sinnloser wurde ihr Gerede,
umso weniger war die Welt für sie da, umso mehr verschwand sie.
Und wenn sie schließlich starben, war alles aus und vorbei.
Die Wortmenschen schlossen für immer ihren Mund, ohne irgendeine Hoffnung,
nach dem Tod neue Worte zu finden.

So lebten die Bildermenschen und die Wortmenschen, ohne es zu wissen, recht unglücklich ihr einseitiges und langweiliges Leben.
Und das hätte sich auch nie geändert, wären da nicht die Kinder gewesen.

Eines Tages machte sich ein Bildermädchen auf die Suche nach neuen Bildern.
Vor lauter Staunen über die schönen Landschaften lief sie immer weiter.
Und ohne es zu merken, kam sie an die Grenze ihres Landes.
Noch kein Bildermensch hatte sie je überschritten, denn keiner wusste, was ihm fehlte.
Ein schmaler Streifen Niemandsland – menschenleer und paradiesisch schön –
lag zwischen dem Land der Bildermenschen und dem Land der Wortmenschen.
Mit offenen Augen ging das Mädchen wie verzaubert durch eine grüne Pflanzenwelt.

Zur selben Zeit hatte sich ein Wortjunge auf den Weg gemacht, um neue Worte zu finden. Mit dem Blick auf den Boden näherte er sich redend der Grenze seines Landes. Auch er geriet mitten hinein ins Niemandsland zwischen dem Bilderland und Wörterland.

Er spürte sofort, dass hier etwas anders war als zu Hause.

Er hob den Kopf und es verschlug ihm die Sprache.

Mit offenem Mund ging der Junge wie verzaubert durch die wilde Natur.

Und es geschah, was irgendwann einmal kommen musste:
Das Bildermädchen lief dem Wortjungen geradewegs in die Arme und sah ihn sprachlos an.

Er hatte sie natürlich völlig übersehen, erzählte ihr aber gern über sich und sein Leben. Seine vielen Worte verwunderten sie, doch sie weckten zu ihrer Freude Bilder in ihr.

Da löste sich auch ihre Zunge und sie schwärmte von der Augenweide der Landschaften.
Auch die Bilder ihres Lebens beschrieb sie mit Worten, die sie noch nie ausgesprochen hatte.
Das weckte seine Vorstellungen und er staunte über die Kraft der Bilder in sich.

wassersteinringelblumealgen
hellblaublaudunkelblautransparent
lebenenergie strömungkaltwarmseidigglanzfrischelibellen

Jeder Tag brachte neue gemeinsame Entdeckungen:
Sie fanden eine Blume, staunten über die Schönheit, untersuchten ihr Wachstum, gaben ihr einen Namen und zeichneten ein Bild von ihr.
Sie spiegelten sich im Wasser des Sees und schwammen darin, entdeckten seine Eigenschaften und fanden Worte, es zu beschreiben.

Sie schauten zur Sonne, waren dankbar über ihr Licht und ihre Wärme,
erforschten ihren Lauf am Himmel und deuteten sie als Bild für das Leben.
Zum ersten Mal stellten sie die Frage: Woher kommt das alles?
Warum gibt es uns selbst und warum leben wir eigentlich?
So zeigte sie ihm den Reichtum der Bilder und er zeigte ihr den Reichtum der Worte.
Sie erlebten Gefühle in sich, für das Leben und füreinander, die sie noch nie erfahren hatten.
So lebten sie eine Zeit lang glücklich miteinander, ohne zu merken, wie die Tage verstrichen.

warumlebenwireigentlich?
woherkommtdienacht?
warumgibtesunsselbst?
woherkommtdasalles?
woherkommendiesterne?

sehtdasliebenundredetdarübersehtdiesonneundredetdarübersehtdiesterneundredetdarübersehtdiepflanzenundredetdarübersehtdietiereundredetdarübersehtdaswasserundundredetdarü
schautaufdieweltalstatsacheundsuchtdarindasgeheimnisschautaufdieweltalsgeheimnis

Dann aber erinnerten sich die beiden Freunde wieder daran, wo sie herkamen.
Sie beschlossen, die Bildermenschen und die Wortmenschen zusammenzuführen.
Ihre Völker mussten sich kennenlernen, damit auch ihr Leben reicher wird.
Gemeinsam gingen sie zunächst zu den Sprachwesen, dann zu den Augenwesen.
Hier wie da war die Freude groß, denn das Mädchen und der Junge galten lange als vermisst.
Vor Kurzem hatte man sie sogar für tot erklärt und um sie getrauert,
die einen mit langen Trauerreden, die anderen mit unzähligen Bildern der Klage.

Nun aber war ein Wunder geschehen: Sie waren wieder da!
Und beide Völker feierten gemeinsam ein großes Fest.
Das eigentliche Wunder aber geschah erst jetzt:
Die Bewohner der Erde fanden zueinander und wurden ganz und gar zu Menschen.
Den Bildlosen wurden die Augen geöffnet und den Sprachlosen fielen die Worte ein.
Die Worte kamen zu den Bildern und die Bilder kamen zu den Worten.
Die Worte strahlten und die Bilder bekamen einen Sinn.
Die Bilder strahlten und die Worte bekamen einen Sinn.
Die Bildermenschen und die Wortmenschen kamen für immer zusammen.

Alles kann Worte und Bilder wecken und uns eine Geschichte erzählen.
Alles auf der Welt stellt uns die Fragen nach dem Woher und Wozu.
Und seither machen die Menschen sich immer wieder staunend auf die Suche.
Sie suchen gemeinsam nach dem Sinn des Lebens.
Sie suchen gemeinsam nach den Antworten hinter den Fragen.
Zusammen suchen sie nach dem Unsichtbaren hinter dem Sichtbaren.
Zusammen suchen sie nach dem Geheimnis hinter den Tatsachen der Welt.

Wer bin ich?
Woher kommen wir?